T0115608

PLACE
STAMP
HERE

HUMILITY

PLACE
STAMP
HERE

patience

PLACE
STAMP
HERE

FEARLESSNESS

PLACE
STAMP
HERE

PLACE
STAMP
HERE

PEACE

PLACE
STAMP
HERE

ENLIGHTENMENT

PLACE
STAMP
HERE

JOY

PLACE
STAMP
HERE

ACCEPTANCE

PLACE
STAMP
HERE

consciousness

PLACE
STAMP
HERE

love
love
love
love
love
love
love
love
love
love
love
love
love
love
love
love
love
love

PLACE
STAMP
HERE

serenity * serenity * serenity * serenity * serenity

serenity * serenity * serenity * serenity * serenity

PLACE
STAMP
HERE

MINDFULNESS

PLACE
STAMP
HERE

gratitude

PLACE
STAMP
HERE

WISDOM
WISDOM
WISDOM
WISDOM
WISDOM
WISDOM
WISDOM
WISDOM
WISDOM
WISDOM
WISDOM

PLACE
STAMP
HERE

PROSPERITY

PLACE
STAMP
HERE

Devotion

PLACE
STAMP
HERE

Tranquility

PLACE
STAMP
HERE

compassion

PLACE
STAMP
HERE

FORGIVENESS

PLACE
STAMP
HERE